Actividades Usborne
El vestuario en pegatinas
Hadas navideñas

Ilustraciones: Antonia Miller
y Johanna Fürst

Texto: Fiona Watt

Traducción: Gemma Alonso de la Sierra

Sumario

AF273124

Las bayas rojas

Cuando llegan las primeras heladas del invierno, las hadas se abrigan bien y vuelan hasta las copas de los árboles para recoger las bayas rojas con las que adornarán sus casitas por Navidad.

Campanita

Flora

Bosco

Con los elfos

Ya es Nochebuena y todavía queda mucho por hacer... Hay que terminar de adornar el árbol y poner los regalos debajo. Ayuda a Cintia y a sus amigos los elfos a dejar todo listo para el día de Navidad.

Cintia

Casitas navideñas

En un prado cubierto de nieve, las hadas han construido casitas navideñas que ahora adornan con azúcar y golosinas. Fíjate en los bonitos motivos con los que han decorado las paredes.

Arán

Dafne

Vega

El árbol mágico

Este árbol de Navidad cobra vida con un brillo mágico cuando Ágata agita su varita y recita un conjuro secreto. Cloe, Paloma y Garo admiran el espectáculo luminoso esta fría noche de invierno.

Garo

Paloma

Ágata

Cloe

La fiesta de Navidad

Leo, Silvana y Azucena se encargan de los preparativos para la gran fiesta de Navidad. Selena los ayuda volando hasta lo alto para colgar adornos sobre las puertas y las ventanas.

Leo

Selena

Silvana

Azucena

11

La reina de las nieves

Mientras recorre el bosque, la reina Greta transforma el paisaje con su magia. A su paso, el suelo se cubre con un manto blanco de copos de nieve y las hojas y las ramas quedan envueltas de una fina capa de escarcha.

Reina Greta

El gran baile

Todas las hadas están invitadas al gran baile de Navidad.
Cuando empieza a sonar la música, agitan sus alas y bailan
dando vueltas y haciendo piruetas por la pista de baile.

Luna

Valle

Lavinia

Fabián

15

La ventisca

Cuando las hadas salieron para ir a visitar a sus amigas, apenas caían unos cuantos copos de nieve, pero en el camino de vuelta se ha levantado una ventisca. Las hadas ríen divertidas mientras el viento las hace dar volteretas y les revuelve la ropa y el pelo.

Nahuel

Susana

16

Nilo

Silvia

Las crías de reno

En lo más profundo de un bosque mágico hay un claro al que acuden los renos al atardecer. Sus crías nacen con alas para aprender a hacer cabriolas, pero las pierden a medida que crecen y se van haciendo más fuertes.

Cala

Ámbar

El lago helado

Cuando llega el invierno, las hadas esperan ansiosas a que se congele el lago. Una vez el hielo tiene el grosor suficiente, salen a patinar, bailar y hacer piruetas sobre la reluciente superficie del lago.

Alano

Mar

Violeta

Siro

El reparto de regalos

Las hadas navideñas saben que Papá Noel está muy ocupado en Nochebuena. Por eso, cuando oyen los cascabeles de su trineo, vuelan a los tejados para ayudarlo a repartir los regalos.

Colibrí

Esmeralda

Candela

Dimas

23

La estrella fugaz

Después de un largo día, a Maya le gusta
sentarse a contemplar el cielo estrellado.
Siempre que ve pasar una estrella fugaz,
pide un deseo que sabe que se cumplirá.

Maya

Las bayas rojas
Páginas 2-3

Blusa de Campanita

Manopla de Campanita

Piña para la mano de Flora

Conjunto de Flora

Corona de Campanita

Capa y falda de Campanita

Cesta de Campanita

Botas de Campanita

Conjunto y botas de Bosco

Con los elfos
Páginas 4-5

Vestido de Cintia

Botas de Cintia

Casitas navideñas
Páginas 6-7

Reparte todas estas casitas por la escena.

Conjunto de Arán

Conjunto de Vega

Conjunto de Dafne

El árbol mágico
Páginas 8-9

Conjunto de Cloe

Conjunto y botas de Ágata

Estrella para la punta del árbol

Conjunto de Garo

Pega el jersey de Paloma antes que la falda.

Botas de Paloma

La fiesta de Navidad
Páginas 10–11

Jersey de Leo

Corona festiva que Silvana lleva en la mano

Botas de Silvana

Vestido de Azucena

Vestido de Selena

Botas de Azucena

Botas de Selena

La reina de las nieves
Páginas 12–13

Falda de la reina